Para mis hijos, Fabiola, Juan y Pepita, y para mi marido Colin.

F. A. O.

A mis padres, por hacer una casa llena de dibujos. A Blanca y Javi,
porque son los mejores hermanos del mundo, y a Pablo. A mis amigos y a Marco,
que me ayuda a gestionar los días de garabatos.

I. G. L.

Papel certificado por el Forest Stewardship Council®

Primera edición: septiembre de 2019

© 2019, Fabiola Arroyo Ozores
© 2019, Penguin Random House Grupo Editorial, S.A.U.
Travessera de Gràcia, 47-49. 08021 Barcelona
© 2019, Irene G. Lenguas, por las ilustraciones

Printed in Spain – Impreso en España

ISBN: 978-84-488-5238-2
Depósito legal: B-15.208-2019

Compuesto por Magela Ronda
Impreso en Egedsa

BE 5 2 3 8 A

Penguin
Random House
Grupo Editorial

Nuestra hermana Pepita

Fabiola Arroyo Ozores
Irene G. Lenguas

Beascoa

Soy Juan, el hermano mayor
de Pepita, ¿os acordáis de mí?

¡Ya tengo 6 años!

Nuestra hermana mayor,
Fabiola, a la que todos
llamamos Abi, cumplió
7 años en octubre
y Pepita cumplió 4 en mayo.

Cada vez disfruta más de
las fiestas de cumpleaños,
sobre todo cuando le
cantamos y cuando tiene
que soplar sus velas.

¡Este año lo celebramos
por todo lo alto!

Como ya sabéis, Pepita tiene Síndrome de Down.
Eso quiere decir que tiene un cromosoma más
por dentro y los ojos «chinitos» por fuera.
Y también que hay que cuidarla un poco.
Y como somos sus hermanos mayores,
¡nadie mejor que Abi y yo para eso!

De todas las personas del mundo, aparte de Abi y de mí, claro, sus preferidas son nuestra prima Juana y su amiga Blanca.

Juana, que tiene los mismos años que Pepita y se cree mucho más mayor, la cuida muchísimo y le dice cómo hacer las cosas.

Y Blanca, que es especial como ella porque tiene Síndrome de Down también, con quien está siempre en el colegio.

Aunque Pepita tiene muchos amigos (muchos son los mismos que los nuestros), también tiene una pandilla muy divertida de niños con Síndrome de Down y de vez en cuando hacen planes ¡y lo pasan bomba!

A nosotros nos encanta hacer planes con ellos y sus hermanos, que son simpatiquísimos.

Antes le costaba comer cosas duras, pero ahora, aunque hay que entretenerla un poco, come CASI de todo. Y muchas cosas ella solita.

Su comida preferida son las patatas fritas y los helados... Y claro, ¡mamá se desespera porque dice que no es muy sano!

Le encanta la música, como a Abi, ¡y cuando le da por una canción la repite miles y miles de veces! Aunque no dice muchas palabras todavía, se aprende las letras mejor que yo porque... ¡tiene una memoria impresionante! Ahora su preferida es una sobre una luna y una casa... No sabéis lo bien que la canta.

¡No hay nada que le guste más que copiar a Abi cuando baila!
La verdad es que la copia en todo, yo creo que quiere ser como
ella cuando sea mayor.

Aunque a veces nos enfadamos,
¡Abi es la mejor hermana mayor
del mundo!

También le gusta ver dibujos animados, ¡como a mí!
Por eso estoy deseando que crezca para ir al cine y hacer
plan de mayores. Mientras tanto, hacemos sesión de película
los viernes en casa.

Pero en realidad... lo que más le gusta es jugar en los columpios o hacer torres y filas con sus juguetes. ¡Es una experta en torres!

Solo tiene 4 años y, aunque parece blandita, tiene mucha fuerza. Yo creo que va a ser buenísima en todo lo que se proponga, porque es muy cabezota.

Así me la imagino de mayor...

Jugando
al golf o al tenis,
escalando...

... o esquiando, como Lucas,
¡un amigo especial como
Pepita que es esquiador
profesional!

¡Un día fuimos en barco!

Al principio le dio miedo, yo creo que porque no sabe nadar todavía, pero al ratito estaba feliz y lo pasamos bomba. Le gusta mucho ponerse el chaleco, que es lo más importante.

Como sus oídos son muy delicados, ¡tiene que bañarse con tapones y una banda para que no se le caigan! Está muy graciosa cuando se la pone.

Un día, se hizo una herida en la pierna y aunque
se asustó con la sangre ¡fue supervaliente! Mamá
siempre dice que las personas como Pepita son muy
fuertes y yo creo que es verdad, porque Pepita
no se queja casi nunca.

Este año hemos ido a la feria; como le gusta mucho vestirse
y bailar, se lo pasó genial.

Gracias a las clases de flamenco
y a que copia fenomenal a Abi,
bailó en las casetas con las primas
y con nuestra abuela.

Nos encanta disfrazarnos en Halloween. Y siempre vienen nuestros primos y amigos a celebrarlo con nosotros.

Ahora está aprendiendo a hacer pipí en el retrete. Todavía usa pañales pero nos avisa y va corriendo al cuarto de baño... casi siempre después de hacer pipí, ¡pero alguna vez antes! Poco a poco, mamá dice que pronto le quitaremos el pañal.

Mamá ha inventado una fundación. Y es muy bonito porque vamos a ayudar a algunas familias con hijos con Síndrome de Down para que sus hijos puedan ir a las mismas clases especiales a las que fue Pepita cuando era un bebé.

También tenemos una cuenta famosa en Instagram que se llama @pepitamola. El nombre es perfecto ¡porque Pepita mola un montón! Y ahora somos amigos de muchos niños como Pepita ¡que viven lejísimos! Cande de Uruguay, Ze Maria de Portugal, Aaron en Alemania, Micah, Welles y Rafi de Estados Unidos...

Pepita mola mucho

@pepitamola
fundación
pepitamola
Nini

Pepita
los espacios

¡Uno de sus juegos preferidos es el escondite!

Como cree que si se tapa los ojos está escondida...,
Abi y yo hacemos que la buscamos por toda la casa.

Aunque a veces se esconde tan bien que de verdad nos cuesta encontrarla.

Me temo que sigue sin poder dormir con nosotros porque
no para de hablar y se duerme la última cuando nos vamos
a la cama. Ahora que tiene una camita de mayor
y sin barrotes... ¡se escapa todo el tiempo!
Todavía no entiende muy bien que a la hora
de acostarse hay que quedarse en la cama.

Nos encantan las visitas de Ela y de Quinto porque siempre se quedan a dormir con nosotros. Lo que más nos gusta es hacer bizcochos con ella... ¡Es la mejor cocinando postres!

Le encanta tejer y siempre nos regala gorros, guantes, bufandas y jerséis chulísimos. Nos da mucha pena cuando se van porque viven lejos, pero hablamos mucho por el móvil, que es casi igual.

Nuestra bisabuela Titi este año ha cumplido 99 años, ¡tiene casi 100!
Todos la queremos muchísimo, es la jefa de la familia.

El día de su cumpleaños nos invitó a todos a celebrarlo con ella y
estaba superfeliz.

Hablando de cumpleaños...,
el mío es el 21 de marzo y es un día
muy especial porque lo comparto
con mis dos hermanas.

Es Santa Fabiola, el santo de Abi
y de mamá y el Día Mundial del
Síndrome de Down, así que ¡tenemos
mucho que celebrar!

Además es superdivertido porque
nos ponemos calcetines distintos
para ir al cole y a la oficina. ¿Y sabéis
para qué? Para explicarle al mundo
que todos somos distintos y que
no pasa nada. Que ser distinto es
bueno y que Pepita nos encanta
exactamente como es.

¿Sabéis lo que más me gusta de Pepita? Cómo nos abraza cuando nos ve, que todas las noches quiera subir a mi cama a darme un beso... ¡e intentar dormir arriba conmigo! Y que siempre está contenta. Me encanta cuidarla.

¿Y lo que menos? ¡Que tiene mucho morro! La muy cara se pone a llorar para conseguir lo que quiere. Y aunque papá y mamá dicen que no le haga ni caso porque tiene mucho cuento, como me da pena cuando llora, ¡al final la cuido más!

Y cuando me pregunte alguien por qué Pepita es diferente ¡yo les diré que para mí no lo es! ¡Que para mí es mi hermana y que lo único que le pasa es que tiene eso que ya sabemos todos, que se llama Síndrome de Down! Pero que en todo lo demás es igual que nosotros... ¡o incluso mejor!

¿Quién me iba a decir hace 4 años que iba a tener una hija con Síndrome de Down? Condición maravillosa que no cambiaría por nada del mundo.

¿Y quién me iba a decir que iba a convertirme en una acérrima defensora de su integración? Gracias a vosotros, a vuestro cariño e ilusión por ver a Pepita como una niña más, vuelve a ser protagonista de un nuevo cuento infantil. Espero que os guste.

Con enorme satisfacción os comunico que una vez más los *royalties* de cada libro que me corresponden como autora los destinaré a la Fundación Pepitamola, cuyo objetivo es luchar por el respeto e inclusión de las personas con Síndrome de Down.

Me atrevo a decir que debería haber más personas como ella en el mundo. Cada vez más en vez de cada vez menos. Personas extraordinarias con capacidades diferentes y capaces de sacar lo mejor de todas las personas que les rodean. Un don del que pocas personas pueden presumir.

Este libro se lo dedico a mis hijos mayores, Fabiola y Juan, porque son mi máximo orgullo y porque me enseñan cómo ver a Pepita con el corazón. Pepita tiene unos hermanos maravillosos, pero que no quepa duda alguna cuando digo que los afortunados son ellos. ¡Tienen mucho ganado al crecer sabiendo qué es lo importante en la vida! Hay gente mayor que nunca lo sabe.

Os agradezco vuestro apoyo y cercanía con todos los niños especiales con Síndrome de Down; gracias a vosotros, el futuro de las personas como Pepita será mucho más inclusivo y respetuoso; sin duda, un mundo mejor.

Fabiola Arroyo Ozores

9